GANZ SCHÖN

Morgenstern

EIN FANTASTISCHES
LESEVERGNÜGEN

arsEdition

Ganz schön Morgenstern

In eine Münchner Malerfamilie hineingeboren, reifte Christian Morgenstern (1871–1914) ebenfalls zu einem Künstler, allerdings zu einem Künstler der Sprache heran. Sein kreatives Wortspiel sowie der scharfsinnige Sprachwitz spiegeln sich in seiner Lyrik wider, durch die er bereits zu Lebzeiten zu Bekanntheit und Beliebtheit gelangte. Mit seinen »Galgenliedern« zeigt Morgenstern seine Begabung, gewichtige Themen humorvoll und spielerisch wiederzugeben und dabei faszinierend absurde Welten entstehen zu lassen.

Der Dichter, Schriftsteller und Übersetzer hat aber auch eine philosophische Seite, die sich vor allem in späteren Jahren im Zuge der Auseinandersetzung mit Werken von Nietzsche, Ibsen, Tolstoi und Dostojewski entfaltet, jedoch im Gegensatz zu seiner humoristischen Dichtung wenig Anklang findet. In seinen »ernsten« Werken beschäftigt sich Morgenstern mit den großen Themen des Lebens und strebt an, wie er 1913 notiert, »ein ganz dem Dienste der Wahrheit gewidmetes Leben« zu führen: »Vitam impendere vero«.

Mit seinem Tod 1914 in Meran hinterlässt der Autor einen beachtlichen Fundus an meisterhafter Lyrik, Aphorismen und Epigrammen, Tagebucheinträgen und Briefen.

Christian Morgenstern
Arosa, 1912

Dieses Lesebuch versammelt die schönsten Gedichte und Lebensweisheiten des hochsensiblen Sprach-künstlers und Denkers Christian Morgenstern.

Der 16-jährige Christian Morgenstern
Porträtaufnahme, 1887

Dem Kinde im Menschen

In jedem Menschen ist ein Kind verborgen, das heißt Bildnertrieb und will als liebstes Spiel- und Ernst-Zeug nicht das bis auf den letzten Rest nachgearbeitete Miniatur-Schiff, sondern die Walnussschale mit der Vogelfeder als Segelmast und dem Kieselstein als Kapitän. Das will auch in der Kunst mit-spielen, mit-schaffen dürfen und nicht so sehr bloß bewundernder Zuschauer sein. Denn dieses »Kind im Menschen« ist der unsterbliche Schöpfer in ihm ...

Wie sich das Galgenkind die Monatsnamen merkt

Jaguar

Zebra

Nerz

Mandrill

Maikäfer

Ponny

Muli

Auerochs

Wespenbär

Locktauber

Robbenbär

Zehenbär

Galgenberg

Blödem Volke unverständlich

treiben wir des Lebens Spiel.

Gerade das, was unabwendlich,

fruchtet unserm Spott als Ziel.

Magst es Kinder-Rache nennen

an des Daseins tiefem Ernst;

wirst das Leben besser kennen,

wenn du uns verstehen lernst.

Galgenkinds Wiegenlied

Schlaf, Kindlein, schlaf,
am Himmel steht ein Schaf;
das Schaf, das ist aus Wasserdampf
und kämpft wie du den Lebenskampf.
Schlaf, Kindlein, schlaf.

Schlaf, Kindlein, schlaf,
die Sonne frisst das Schaf,
sie leckt es weg vom blauen Grund
mit langer Zunge wie ein Hund.
Schlaf, Kindlein, schlaf.

Schlaf, Kindlein, schlaf.
Nun ist es fort, das Schaf.
Es kommt der Mond und schilt sein Weib;
die läuft ihm weg, das Schaf im Leib.
Schlaf, Kindlein, schlaf.

Die Trichter

Zwei Trichter wandeln durch die Nacht.

Durch ihres Rumpfs verengten Schacht

fließt weißes Mondlicht

still und heiter

auf ihren

Waldweg

u.s.

w.

Fisches Nachtgesang

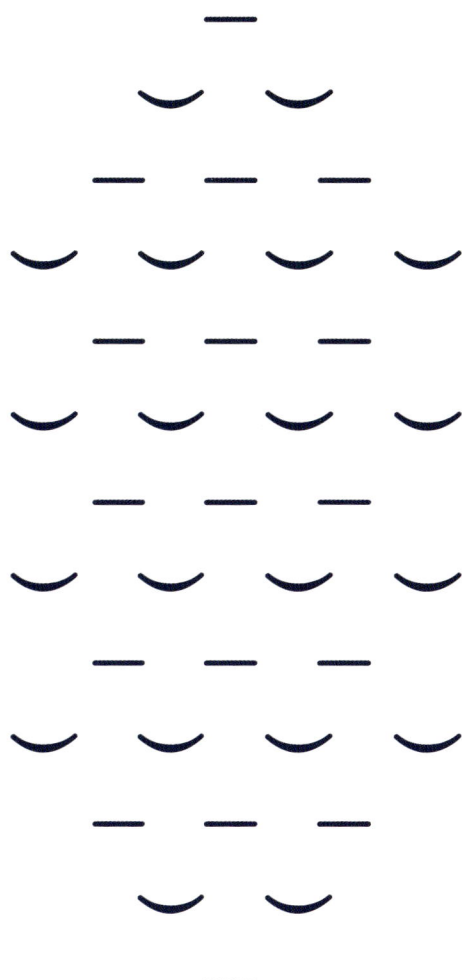

Das aesthetische Wiesel

Ein Wiesel
saß auf einem Kiesel
inmitten Bachgeriesel.
Wisst ihr,
weshalb?
Das Mondkalb
verriet es mir
im Stillen:
Das raffinier-
te Tier
tats um des Reimes willen.

Igel und Agel

Ein Igel saß auf einem Stein
und blies auf einem Stachel sein.
Schalmeiala, schalmeialü!
Da kam sein Feinslieb Agel
und tat ihm schnigel schnagel
zu seinen Melodein.
Schnigula schnagula
schnaguleia lü!

Das Tier verblies sein Flötenhemd ...
»Wie siehst du aus so furchtbar fremd!?«
Schalmeiala, schalmeialü –.
Feins Agel ging zum Nachbar, ach!
Den Igel aber hat der Bach
zum Weiher fortgeschwemmt.
Wigula wagula
waguleia wü
tü tü ...

Wenn ich die Welt
durchs Prisma meines Witzes
fallen lasse — wie viel ihr Bild
gebrochen wird —
oft weiß ich selbst es kaum.

Der Schnupfen

Ein Schnupfen hockt auf der Terrasse,

auf dass er sich ein Opfer fasse

– und stürzt alsbald mit großem Grimm

auf einen Menschen namens Schrimm.

Paul Schrimm erwidert prompt: »Pitschü!«

und hat ihn drauf bis Montag früh.

Der Lattenzaun

Es war einmal ein Lattenzaun,

mit Zwischenraum, hindurchzuschaun.

Ein Architekt, der dieses sah,

stand eines Abends plötzlich da –

und nahm den Zwischenraum heraus

und baute draus ein großes Haus.

Der Zaun indessen stand ganz dumm,

mit Latten ohne was herum.

Ein Anblick grässlich und gemein.

Drum zog ihn der Senat auch ein.

Der Architekt jedoch entfloh

nach Afri-od- Ameriko.

Die Lampe

Es steht eine Lampe am weiten Meer.
Wo kommt denn die Lampe, die Lampe her?

Sie trägt ein Reformhemd aus grünem Tang
und steht auf der Insel Fragnichtlang.

Die Lampe, die Lampe, die Lampe, weh,
sie kommt aus der Werweißwosisee!

Da liegt ein Schiff ganz unten kaputt,
und aus seinen Fenstern schaun Molch und Butt.

Die Wellen, die Wellen, die haben sie geschwemmt:
Jetzt träumt sie, den Fuß auf die Küste gestemmt,

in ihrem Reformkleid aus grünem Tang ...
Und im Hintergrund, da liegt – Fragnichtlang.

Der Sündfloh

Als schauerlich und grausenvoll

die Sündflut um die Berge schwoll,

kam noch im siebenten Moment

ein junger Floh herzugerennt.

Doch da das obligate Paar

von Flöhen schon im Kasten war,

so musste Noah ihn bestimmen,

ins nasse Grab zurückzuschwimmen.

Voll Eifer gleichfalls protestierten

die beiden, die bereits logierten,

weil – riefen sie (besonders er) –

ein dritter nicht gestattet wär.

Der Sündfloh (denn er war es) blieb,

obschon verborgen wie ein Dieb –

und zwar (trotz Jahwen in der Höhe)

von einem der zwei beiden Flöhe.

Von welchem braucht man nicht zu sagen.

Doch ward hierdurch aus Vorzeittagen

das Dreieck, von dem Ibsen schreibt,

der Neuzeit wieder einverleibt.

Gespräch einer Hausschnecke mit sich selbst

Soll i aus meim Hause raus?

Soll i aus meim Hause nit raus?

Einen Schritt raus?

Lieber nit raus?

Hausenitraus –

Hauseraus

Hauseritraus

Hausenaus

Rauserauserauserause ...

(Die Schnecke verfängt sich in ihren eigenen Gedanken, oder vielmehr diese gehen mit ihr dermaßen durch, dass sie die weitere Entscheidung der Frage verschieben muss.)

Gespräch einer Hausschnecke
mit sich selbst.

Soll i aus meim Hause raus?
Soll i aus meim Hause nit raus?
Einen Schritt raus?
Lieber nit raus?
Hausenitraus —
Hauseraus
Hauseritraus
Hausenaus
Ranseranseranseranse . . . .

(Die Hausschnecke verfängt sich
in ihren eignen Gedanken oder
vielmehr diese gehen mit
ihr dermassen durch, dass
sie die weitere Entscheidung
der Frage lächelnd verschieben muss.)

Km 21

Ein Rabe saß auf einem Meilenstein
und rief Ka-em-zwei-ein, Ka-em-zwei-ein ...

Der Werhund lief vorbei, im Maul ein Bein,
der Rabe rief Ka-em-zwei-ein, zwei-ein.

Vorüber zottelte das Zapfenschwein,
der Rabe rief und rief Ka-em-zwei-ein.

»Er ist besessen!« – kam man überein.
»Man führe ihn hinweg von diesem Stein!«

Zwei Hasen brachten ihn zum Kräuterdachs.
Sein Hirn war ganz verstört und weich wie Wachs.

Noch sterbend rief er (denn er starb dort) sein
Ka-em-zwei-ein, Ka-em-Ka-em-zwei-ein ...

Das Nasobēm

Auf seinen Nasen schreitet
einher das Nasobēm,
von seinem Kind begleitet.
Es steht noch nicht im Brehm.

Es steht noch nicht im Meyer.
Und auch im Brockhaus nicht.
Es trat aus meiner Leyer
zum ersten Mal ans Licht.

Auf seinen Nasen schreitet
(wie schon gesagt) seitdem,
von seinem Kind begleitet,
einher das Nasobēm.

Nach Norden

Palmström ist nervös geworden;
darum schläft er jetzt nach Norden.

Denn nach Osten, Westen, Süden
schlafen, heißt das Herz ermüden.

(Wenn man nämlich in Europen
lebt, nicht südlich in den Tropen.)

Solches steht bei zwei Gelehrten,
die auch Dickens schon bekehrten –

und erklärt sich aus dem steten
Magnetismus des Planeten.

Palmström also heilt sich örtlich,
nimmt sein Bett und stellt es nördlich.

Und im Traum, in einigen Fällen,
hört er den Polarfuchs bellen.

Die Korfsche Uhr

Korf erfindet eine Uhr,

die mit zwei Paar Zeigern kreist

und damit nach vorn nicht nur,

sondern auch nach rückwärts weist.

Zeigt sie zwei, – somit auch zehn;

zeigt sie drei, – somit auch neun;

und man braucht nur hinzusehn,

um die Zeit nicht mehr zu scheun.

Denn auf dieser Uhr von Korfen

mit dem janushaften Lauf

(dazu ward sie so entworfen):

hebt die Zeit sich selber auf.

Die Behörde

Korf erhält vom Polizeibüro
ein geharnischt Formular,
wer er sei und wie und wo.

Welchen Orts er bis anheute war,
welchen Stands und überhaupt,
wo geboren, Tag und Jahr.

Ob ihm überhaupt erlaubt,
hier zu leben und zu welchem Zweck,
wie viel Geld er hat und was er glaubt.

Umgekehrten Falls man ihn vom Fleck
in Arrest verführen würde, und
drunter steht: Borowsky, Heck.

Korf erwidert darauf kurz und rund:
»Einer hohen Direktion
stellt sich, laut persönlichem Befund,

untig angefertigte Person
als nichtexistent im Eigen-Sinn
bürgerlicher Konvention

vor und aus und zeichnet, wennschonhin
mitbedauernd nebigen Betreff,
Korf. (An die Bezirksbehörde in –.)«

Staunend liest's der anbetroffne Chef.

Der Gingganz

Ein Stiefel wandern und sein Knecht

von Knickebühl gen Entenbrecht.

Urplötzlich auf dem Felde drauß

begehrt der Stiefel: »Zieh mich aus!«

Der Knecht drauf: »Es ist nicht an dem;

doch sagt mir, lieber Herre, – !: wem?«

Dem Stiefel gibt es einen Ruck:

»Fürwahr, beim heiligen Nepomuk,

ich GING GANZ in Gedanken hin ...

Du weißt, dass ich ein andrer bin,

seitdem ich meinen Herrn verlor ...«

Der Knecht wirft beide Arm empor,

als wollt er sagen: »Lass doch, lass!«

Und weiter zieht das Paar fürbass.

Im Reich der Interpunktionen

Im Reich der Interpunktionen
nicht fürder goldner Friede prunkt:

Die Semikolons werden Drohnen
genannt von Beistrich und von Punkt.

Es bildet sich zur selben Stund
ein Antisemikolonbund.

Die Einzigen, die stumm entweichen
(wie immer), sind die Fragezeichen.

Die Semikolons, die sehr jammern,
umstellt man mit geschwungnen Klammern

und setzt die so gefangnen Wesen
noch obendrein in Parenthesen.

Das Minuszeichen naht, und – schwapp!
da zieht es sie vom Leben ab.

Kopfschüttelnd blicken auf die Leichen
die heimgekehrten Fragezeichen.

Doch, wehe! neuer Kampf sich schürzt:
Gedankenstrich auf Komma stürzt –

und fährt ihm schneidend durch den Hals,
bis dieser gleich – und ebenfalls

(wie jener mörderisch bezweckt)
als Strichpunkt das Gefild bedeckt! ...

Stumm trägt man auf den Totengarten
die Semikolons beider Arten.

Was übrig von Gedankenstrichen,
kommt schwarz und schweigsam nachgeschlichen.

Das Ausrufzeichen hält die Predigt;
das Kolon dient ihm als Adjunkt.

Dann, jeder Kommaform entledigt,
stapft heimwärts man, Strich, Punkt, Strich, Punkt ...

Die Zeit

Es gibt ein sehr probates Mittel,

die Zeit zu halten am Schlawittel:

Man nimmt die Taschenuhr zur Hand

und folgt dem Zeiger unverwandt.

Sie geht so langsam dann, so brav

als wie ein wohlgezogen Schaf,

setzt Fuß vor Fuß so voll Manier

als wie ein Fräulein von Saint-Cyr.

Jedoch verträumst du dich ein Weilchen,

so rückt das züchtigliche Veilchen

mit Beinen wie der Vogel Strauß

und heimlich wie ein Puma aus.

Und wieder siehst du auf sie nieder;

ha, Elende! – Doch was ist das?

Unschuldig lächelnd macht sie

wieder die zierlichsten Sekunden-Pas.

Liebe

Das Feuer brennt,

das Feuer nennt

die Luft sein Schwesterelement –

und frisst sie doch (samt dem Ozon)!

Das ist die Liebe, lieber Sohn.

Lieb ohne Worte

Mich erfüllt Liebestoben zu dir!
Ich bin deinst,
als ob einst
wir vereinigst.

Sei du meinst!
Komm Liebchenstche zu mir! –
ich vergehste sonst
sehnsuchtgepeinigst.

Achst, achst, schwachst schwachst arms
Wortleinstche, was? –
Genug denn, auch du, auch du liebsest.
Fühls, fühls ganzst ohne Worte: sei Meinstlein!
Ich sehne dich sprachlosestest.

Mopsenleben

Es sitzen Möpse gern auf Mauerecken,
die sich ins Straßenbild hinaus erstrecken,

um von sotanen vorteilhaften Posten
die bunte Welt gemächlich auszukosten.

O Mensch, lieg vor dir selber auf der Lauer,
sonst bist du auch ein Mops nur auf der Mauer.

Klabautermann

Klabautermann,
Klabauterfrau,
Klabauterkind
im Schiffe sind.

Die Küchenfei
erblickt die drei.
Sie schreit: »O Graus,
das Stück ist aus!«

Den Pudel Pax —
den Kaufmann Sachs —
sie alle frisst
der Meerschoßdachs.

Klabautermann,
Klabauterfrau,
Klabauterkind
woanders sind.

Der Träumer

Palmström stellt ein Bündel Kerzen
auf des Nachttischs Marmorplatte
und verfolgt es beim Zerschmelzen.

Seltsam formt es ein Gebirge
aus herabgeflossner Lava,
bildet Zotteln, Zungen, Schnecken.

Schwankend über dem Gerinne
stehn die Dochte mit den Flammen
gleichwie goldene Zypressen.

Auf den weißen Märchenfelsen
schaut des Träumers Auge Scharen
unverzagter Sonnenpilger.

Auf den Tod
meiner kleinen Weckeruhr

Hört, mein Wecker ist gestorben!
Armer Kerl, ihm brach die Feder.
Tja, so endigt schließlich jeder;
doch er hatte meine Lieb erworben.

Denkt euch, viele tausend Stunden
Tag und Nacht der gleichen Seele
vorzuhalten: »Wähle, wähle!
Bald ist deine Zeit entschwunden.

Wähle, wähle, durch das Viele
musst du deine Schritte schlängeln;
zwischen Teufeln hin und Engeln
wandle still und stät zu deinem Ziele!«

Langsam ward ich der Entdecker
meiner selber, caro mio.
Wackrer Weggesell, addio!
Kleiner, blanker, braver Wecker!

Das Wörtlein

Kürzlich kam ein Wort zu mir,
staubig wie ein Wedel,
wirr das Haar, das Auge stier,
doch von Bildung edel.

Als ich, wie es hieße, frug,
sprach es leise: »Herzlich«.
Und aus seinem Munde schlug
eine Lache schmerzlich.

Wertlos ward ich ganz und gar,
rief's, ein Spiel der Spiele,
Modewort mit Haut und Haar,
Kaviar für zu viele.

Doch ich wusch's und bot ihm Wein,
gab ihm wieder Würde,
und belud ein Brieflein fein
mit der leichten Bürde.

Schlafend hat's die ganze Nacht
weit weg reisen müssen.
Als es morgens aufgewacht,
kam ein Mund – es küssen.

Der Aesthet

Wenn ich sitze, will ich nicht

sitzen, wie mein Sitz-Fleisch möchte,

sondern wie mein Sitz-Geist sich,

säße er, den Stuhl sich flöchte.

Der jedoch bedarf nicht viel,

schätzt am Stuhl allein den Stil,

überlässt den Zweck des Möbels

ohne Grimm der Gier des Pöbels.

Die zwei Parallelen

Es gingen zwei Parallelen
ins Endlose hinaus,
zwei kerzengerade Seelen
und aus solidem Haus.

Sie wollten sich nicht schneiden
bis an ihr seliges Grab:
Das war nun einmal der beiden
geheimer Stolz und Stab.

Doch als sie zehn Lichtjahre
gewandert neben sich hin,
da wards dem einsamen Paare
nicht irdisch mehr zu Sinn.

Warn sie noch Parallelen?
Sie wussten's selber nicht, –
sie flossen nur wie zwei Seelen
zusammen durch ewiges Licht.

Das ewige Licht durchdrang sie,
da wurden sie eins in ihm;
die Ewigkeit verschlang sie
als wie zwei Seraphim.

Der Würfel

Ein Würfel sprach zu sich: »Ich bin

mir selbst nicht völlig zum Gewinn!

Denn meines Wesens sechste Seite,

und sei es auch ein Auge bloß,

sieht immerdar, statt in die Weite,

der Erde ewig dunklen Schoß.«

Als dies die Erde, drauf er ruhte,

vernommen, ward ihr schlimm zumute.

»Du Esel«, sprach sie, »ich bin dunkel,

weil dein Gesäß mich just bedeckt!

Ich bin so licht wie ein Karfunkel,

sobald du dich hinweggefleckt.«

Der Würfel, innerlichst beleidigt,

hat sich nicht weiter drauf verteidigt.

Unter Zeiten

Das Perfekt und das Imperfekt

tranken Sekt.

Sie stießen aufs Futurum an

(was man wohl gelten lassen kann).

Plusquamper und Exaktfutur

blinzten nur.

Die zwei Turmuhren

Zwei Kirchturmuhren schlagen hintereinander,
weil sie sonst widereinander schlagen müssten.
Sie vertragen sich wie zwei wahre Christen.
Es wäre dementsprechend zu fragen:
warum nicht auch die Völker hintereinander
statt widereinander schlagen.
Sie könnten doch wirklich ihren Zorn auslassen,
das eine hinten, das andre vorn.
Aber freilich: Kleine Beispiele von Vernunft
änderten noch nie etwas am großen Narreteispiele
der Zunft.

Lebens-Lauf

Ein Mann verfolgte einen andern
(aus Deutz). (Er selber war aus Flandern.)

Der Deutzer, just kein großer Held,
gibt unverzüglich Fersengeld.

Der Flame sagt sich: »Ei, nun gut!«
und sammelt es in seinen Hut.

Und sammelt bis zur finstern Nacht,
und morgens, als der Hahn erwacht

und jener weiter flieht, voll Reue,
da füllt er seinen Hut aufs Neue.

Durch ganz Europa geht es so.
Sie sind bereits am Flusse Po.

Sie sind in Algier ungefähr,
da ist der eine Millionär.

Wie – Millionär? O Allahs Güte!
Sein Schatz misst hunderttausend Hüte.

Nein: Legionär – dies ist das Wort!
Und jener sagt's ihm auch sofort.

Und beide teilen sich das Geld
und kaufen sich dafür die Welt.

– – – – – – – –

Tief in Marokko steht ein Kreuz,
da ruhn die aus Brabant und Deutz,

die beiden fremden Legionäre.
O Mensch, das Geld ist nur Schimäre!

Das Butterbrotpapier

Ein Butterbrotpapier im Wald, –
da es beschneit wird, fühlt sich kalt ...

In seiner Angst, wiewohl es nie
an Denken vorher irgendwie

gedacht, natürlich, als ein Ding
aus Lumpen usw., fing,

aus Angst, so sagte ich, fing an
zu denken, fing, hob an, begann,

zu denken, denkt euch, was das heißt,
bekam (aus Angst, so sagt ich) – Geist,

und zwar, versteht sich, nicht bloß so
vom Himmel droben irgendwo,

vielmehr infolge einer ganz
exakt entstandnen Hirnsubstanz –

die aus Holz, Eiweiß, Mehl und Schmer,
(durch Angst) mit Überspringen der

sonst üblichen Weltalter, an
ihm Boden und Gefäß gewann –

[(mit Überspringung) in und an
ihm Boden und Gefäß gewann].

Mit Hilfe dieser Hilfe nun
entschloss sich das Papier zum Tun, –

zum Leben, zum – gleichviel, es fing
zu gehn an – wie ein Schmetterling ...

zu kriechen erst, zu fliegen drauf,
bis übers Unterholz hinauf,

dann über die Chaussee und quer
und kreuz und links und hin und her –

wie eben solch ein Tier zur Welt
(je nach dem Wind) (und sonst) sich stellt.

Doch, Freunde! werdet bleich gleich mir! –
Ein Vogel, dick und ganz voll Gier,

erblickt's (wir sind im Januar ...) –
und schickt sich an, mit Haut und Haar –

und schickt sich an, mit Haar und Haut –
(wer mag da endigen!) (mir graut) –

(Bedenkt, was alles nötig war!) –
und schickt sich an, mit Haut und Haar – –

Ein Butterbrotpapier im Wald
gewinnt – aus Angst – Naturgestalt ...

Genug!! Der wilde Specht verschluckt
das unersetzliche Produkt ...

Der heilige Pardauz

Im Inselwald »Zum stillen Kauz«,
da lebt der heilige Pardauz.

Du schweigst? Ist dir der Mund verklebt?
Du zweifelst, ob er wirklich lebt?

So sag ich's dir denn ungefragt:
Er *lebt*, auch wenn dir's missbehagt.

Er lebt im Wald »Zum stillen Kauz«,
und schon sein Vater hieß Pardauz.

Dort betet er für dich, mein Kind,
weil du und andre Sünder sind.

Du weißt nicht, was du ihm verdankst, –
doch dass du nicht schon längst ertrankst,

verbranntest oder und so weiter –
das dankst du diesem Blitzableiter

der teuflischen Gewitter. Ach,
die Welt ist rund, der Mensch ist schwach.

Der Glaube

Eines Tags bei Kohlhasficht
sah man etwas Wunderbares.
Doch dass zweifellos und wahr es,
dafür bürgt das Augenlicht.

Nämlich standen dort zwei Hügel,
höchst solid und wohl bestellt;
einen schmückten Windmühlflügel
und den andern ein Kornfeld.

Plötzlich eines Tags um viere
wechselten die Plätze sie;
furchtbar brüllten die Dorfstiere,
und der Mensch fiel auf das Knie.

Doch der Bauer Anton Metzer,
weit berühmt als frommer Mann,
sprach: »Ich war der Landumsetzer,
zeigt mich nur dem Landrat an.

Niemand anders als mein Glaube
hat die Berge hier versetzt.
Dass sich keiner was erlaube:
Denn ich fühle stark mich jetzt.«

Aller Auge stand gigantisch
offen, als er dies erzählt.
Doch das Land war protestantisch,
und in Dalldorf starb ein Held.

Die drei Winkel

Drei Winkel klappen ihr Dreieck
zusammen wie ein Gestell
und wandern nach Hirschmareieck
zum Widiwondelquell.

Dort fahren sie auf der Gondel
hinein in den Quellenwald
und bitten die Widiwondel
um menschliche Gestalt.

Die Wondel – ihr Decorum
zu wahren – spricht Latein:
»Vincula, vinculorum,
in vinculis Fleisch und Bein!«

Drauf nimmt sie die lockern Braten
und wirft sie in den Teich: –
Drei Winkeladvokaten
entsteigen ihm alsogleich.

Drei Advokaten stammen
aus dieses Weihers Schoß.
Doch zählst du die drei zusammen,
so sind es zwei rechte bloß.

Etiketten-Frage

Ein halber Essl. und ein Teel.

besahn einander stolz und scheel.

Der Teel. erklärte: »*Ich* bin mehr!«

Der halbe Essl. rief, nein, er!

Die Wissenschaft entschied voll Hohn:

Das kommt vom populären Ton.

»Ihr seid«, sprach patzig die Madam,

»einfach fünf Gramm und zehen Gramm.«

Die wiederhergestellte Ruhe

Aus ihrem Bette stürzt sie bleich
im langen Hemd und setzt sich gleich.

Die Zofe bringt ihr Rock und Schuh
und führt sie sanft dem Diwan zu.

Todmüd in grauen Höhlen liegt
der Blick, den Fieber fast besiegt.

Ihr ganzer Leib ist wie verzehrt,
als hätt' in ihm gewühlt ein Schwert.

Der Arzt verkündet aller Welt,
sie sei nun wieder hergestellt.

Die Zofe kniet vor ihr und gibt
ihr von den Blumen, die sie liebt,

und schmückt sie zärtlich aus der Truhe,
die wiederhergestellte Ruhe.

Der Meilenstein

Tief im dunklen Walde steht er
und auf ihm mit schwarzer Farbe,
dass des Wandrers Geist nicht darbe:
Dreiundzwanzig Kilometer.

Seltsam ist und schier zum Lachen,
dass es diesen Text nicht gibt,
wenn es keinem Blick beliebt,
ihn durch sich zu Text zu machen.

Und noch weiter vorgestellt:
Was wohl ist er – ungesehen?
Ein uns völlig fremd Geschehen.
Erst das Auge schafft die Welt.

> **Die Sterne lauter ganze Noten.**
> **Der Himmel die Partitur.**
> **Der Mensch das Instrument.**

Wer weiß, ob die Gedanken nicht auch einen ganz winzigen Lärm machen, der durch feinste Instrumente aufzufangen und empirisch (durch Vergleich und Experiment) zu enträtseln wäre.

— · —

Das macht uns den Sternenhimmel so unerfasslich und fürchterlich, dass wir lauter Summen gegenüberstehen, lauter Quintessenzen. Mühelos sammeln wir das halbe All in unserm Auge. Es ist ein Gedanke, nicht auszudenken. Warum sollte die Erde nicht innerlich durchleuchtet sein? Warum die Gold- und Silberadern nicht im Geheimen von den Strahlen eines Lichtes leuchten, für das wir keine Augen haben?

— · —

So wuchtet mächtigen Gesanges die Erde ihre Ätherbahn.

Der Urton

Fernher schwillt
eines Dudelsacks
einförmig-ewigwechselnde
Melodie:
Unaufhörlich
hebt sich und senkt sich
über dem Urton
ihr unerfassliches Spiel.
. . . .

Auf dem ehernen Tische
Unendlichkeit
liegt unermesslicher Sand gebreitet.
Da streicht ein Bogen
die Tafel an:
Einen Ton
schwingt und klingt
die fiebernde Fläche.
Und siehe!
Der Sand
erhebt sich und wirbelt
zu tausend Figuren.

Aus ihnen,
den tanzenden
tönenden,
glühenden
schlingen sich Tänze,
binden sich Chöre,
winden sich Kränze,
umringen sich,
fliehen sich,
finden sich wieder.

Aber das Spiel
der Formen, Farben und Töne
durchbrummt
unaufhörlich,
beherrscht
fürchterlich-unerfasslich
der tiefe Urton.
. . . .

Fern verschwillt
des Dudelsacks
einförmig-ewigwechselnde
Melodie.
Dorf, Wald, Welt
versinkt mir
schweigend
in Nacht.

Ein Sandkorn ist der Erdball ...

Ein Sandkorn ist der Erdball, rufst du aus
und blickst ergriffen auf den Sternensaus.

Dann wendest du dich um und lauschst beim Tee
den Professoren A und B und C.
Und siehe da, auf deinem Körnchen Sand
erhebt sich Wissenschaft, ein Elefant.

Das Korn bleibt Korn. Du aber fromm und munter,
du bringst den Elefanten auf ihm unter!

Und liegst davor sogar noch auf den Knien.
Das Sandkorn trägt geduldig dich und ihn.

Denn trotz Gelehrsamkeit und Hochgefühl:
Ihr seid nicht größer als – ein Molekül.

Mensch Wanderer

Vergessenheit –
auch wieder *höchstes* Wort!
Sichselbstvergessen im Gefühl des andern ...
Und müsst ich hunderttausend Meilen wandern,
ich wüsste Bessres nichts als diesen Ort.
Denn »meine« Heimat ist mir oft gar leid.

Hinweg, hinaus! ...
Ist jede Herberg zu?
Will niemand mich dies süße Fremdsein lehren?
Und sei's nur, stolzer wieder heimzukehren –
nur einen Tag ein Du zu sein, ein Du!
nur einen Tag in eines andern Haus!

Erkenne dich! ...
Wer tritt denn niemals ein? ...
Wem Abschied auf der Stirne steht geschrieben,
er lässt sich selbst ja nur als Wandrer lieben,
er wird nie nirgends ganz zu Hause sein,
er hat nur ein Zuhaus auf Erden: Sich.

Sieh, das ist Lebenskunst ...

Sieh, das ist Lebenskunst:

Vom schweren Wahn

des Lebens

sich befrein,

fein hinzulächeln

übers große Muss.

Gib, gib und immer wieder gib der Welt,

und lass sie, was sie mag, dir wiedergeben;

tu alles für, erwarte nichts vom Leben, –

genug, gibt es sich selbst dir zum Entgelt.

Ich riss des Herzens Furchen auf:

Da säten Wind und Sonnenschein

ihr Korn hinein;

da schoss es auf

aus rotem Grund

und wuchs mit zuckendem Purpurmund

zum Licht hinauf.

Dulde, trage.

Bessere Tage

werden kommen.

Alles muss frommen

denen, die fest sind.

Herz, altes Kind,

dulde, trage.

Schicksalsspruch

Unhemmbar rinnt und reißt der Strom der Zeit,
in dem wir gleich verstreuten Blumen schwimmen,
unhemmbar braust und fegt der Sturm der Zeit,
wir riefen kaum, verweht sind unsre Stimmen.

Ein kurzer Augenaufschlag ist der Mensch,
den ewige Kraft auf ihre Werke tut,
ein Blinzeln – der Geschlechter lange Reihn,
ein Blick – des Erdballs Werdnis und Verglut.

Zeit und Ewigkeit

Vom Winde getragen

die Stimmen des Bachs ...

Der Wellen Gespräch

auf dem Atem der Nacht ...

Mein kleiner Wecker tickt und tickt ...

O Zeit und Ewigkeit!

Die zur Wahrheit wandern ...

Die zur Wahrheit wandern,

wandern allein,

keiner kann dem andern

Wegbruder sein.

Eine Spanne gehn wir,

scheint es, im Chor ...

bis zuletzt sich, sehn wir,

jeder verlor.

Selbst der Liebste ringet

irgendwo fern;

doch wer's ganz vollbringet,

siegt sich zum Stern,

schafft, sein selbst Durchchrister,

Neugottesgrund –

und ihn grüßt Geschwister

Ewiger Bund.

Was braucht ein Volk für Gönner?
Wahrheit-sagen-Können.

Eine Wahrheit kann erst wirken,
wenn der Empfänger für sie reif
ist. Nicht an der Wahrheit liegt
es daher, wenn die Menschen
noch so voller Unweisheit sind.

Christian Morgenstern, Porträt,
Gemälde von Hermann Voelkerling,
München, 1906

Wer vom Ziel nicht weiß ...

Wer vom Ziel nicht weiß,
kann den Weg nicht haben,
wird im selben Kreis
all sein Leben traben;
kommt am Ende hin,
wo er hergerückt,
hat der Menge Sinn
nur noch mehr zerstückt.

Wer vom Ziel nichts kennt,
kann's doch heut erfahren;
wenn es ihn nur brennt
nach dem Göttlich-Wahren;
wenn in Eitelkeit
er nicht ganz versunken
und vom Wein der Zeit
nicht bis oben trunken.

Denn zu fragen ist
nach den stillen Dingen,
und zu wagen ist,
will man Licht erringen:
Wer nicht suchen kann,
wie nur je ein Freier,
bleibt im Trugesbann
siebenfacher Schleier.

Das ist das Ärgste ...

Das ist das Ärgste, was einem Menschen geschehen kann: aus einem Fließenden ein Starrer (ja auch nur ein Stockender) zu werden. Das erkennt mancher und nährt Friedlosigkeit in sich oder unaufhörlichen Zweifel (so tat ich es), oder er ergibt sich einem Streben nach fast Unmöglichem, Ungeheurem. Manche aber überlassen sich ihrer natürlichen Liebe zu Welt und Mensch, und damit geraten sie denn bald in die Strömung unendlichen Lebens, werden hineingerissen in den ewigen Zusammenhang aller Dinge, in dem es keinen Stillstand gibt.

Sieh nicht, was andre tun ...

Sieh nicht, was andre tun,
der andern sind so viel,
du kommst nur in ein Spiel,
das nimmermehr wird ruhn.

Geh einfach Gottes Pfad,
lass nichts sonst Führer sein,
so gehst du recht und grad,
und gingst du ganz allein.

Der Weise verzichtet auf alles,
worauf sich irgend
verzichten lässt; denn er weiß,
dass jedes Ding eine Wolke
von Unfrieden um sich hat.

An jeden, den's angeht

Ich weiß, wie der Gesellschaft Mühle klappert,
da kommt der Einkehr Geist kaum zu Gehör.
Es ward ja auch nicht nur so hingeplappert:
das Wort vom Reichen und vom Nadelöhr.
Das geht an dich und mich und jeden:
Mehr sein, weniger reden,
weniger sagen, fragen, klagen,
mehr die Wärme nach innen schlagen.
Unsere Zungen in Züchten halten,
nicht immer die ewig alten
Sätze und Plätze wiederkäuen,
Phrasen und Fratzen in allem scheuen;
langsam prüfen, sich gern bescheiden,
alles schnelle Vorurteil meiden,
uns genügen im Unentbehrlichen,
uns vereinfachen, uns verehrlichen,
eins vom Kindes- zum Greisenleben:
weise, weise zu werden streben.

O Freunde, liebt mich nicht

O Freunde, liebt mich nicht,
niemals *den*, der ich *bin*;
doch was ich *werden* möchte,
das, das liebt an mir!

— • —

Je mehr Bewegung man in seinem Geiste auffasst,
je glücklicher ist man. Überall die Bewegung aufzeigen,
das schafft das meiste Glück.

Wir können nie ...

Wir können nie, was um uns lebt und webt,

erstaunt und tief genug betrachten;

denn unser Sinn, zur Flachheit neigend, strebt

zu sehr danach, die Dinge zu missachten.

Indes der Mensch nach Unerhörtem hascht,

erstirbt der feine Sinn ihm für das Kleine;

und was ihn nicht als Wunder überrascht:

das dünkt ihm das Natürliche, Gemeine.

Und doch ist Wunder diese ganze Welt!

Und nichts in ihr ist einfach und gewöhnlich:

Denn deine Welt und meine – steht und fällt

mit dir, mit mir: sie ist durchaus persönlich.

**Ich habe nur einen wahren
und wirklichen Feind auf Erden,
und das bin ich selbst.**

Die kleinen Schwächen legt man am schwersten ab,
so wie man der Moskitos weit schwerer Herr wird als
des Skorpions oder der Schlange. Und so ist es recht
eigentlich das Kleine, was den Fortschritt der Menschheit
aufhält: Gedankenlosigkeit, Unaufmerksamkeit, Trägheit,
Lauheit.

— · —

Sei mit dir nie zufrieden,
außer etwa episodisch,
sodass deine Zufriedenheit nur dazu dient,
dich zu neuer Unzufriedenheit zu stärken.

Wenn man zum Leben ja sagt ...

Wenn man zum Leben ja sagt und das Leben selber
sagt zu einem nein, so muss man auch zu diesem Nein
ja sagen.

— • —

Wir brauchen nicht so fortzuleben, wie wir gestern
gelebt haben. Macht euch nur von dieser Anschauung
los, und tausend Möglichkeiten laden uns zu neuem
Leben ein.

Ich möchte sagen, dass ich immer noch im und vom Sonnenschein meiner Kindheit lebe.

Ich könnte heute noch im Walde wie ein Knabe spielen: Aus Steinen und Holzstücken Häuser bauen, mit dürren Zweiglein Straßen abstecken und Haine bilden, einen Felsblock zum Range eines Alpengipfels erheben und einem Hirschkäfer und seiner Frau die Herrschaft über das alles verleihen. Und dieses kleine Reich würde mich glücklicher machen und meine Fantasie umständlicher erregen und beschäftigen – als ein noch so großes der Wirklichkeit. So habe ich einmal, mit 35 Jahren, acht Tage am Strande von Sylt mit Bauen und Zimmern einer Strandhütte verbracht und war wohl selten so von Herzen froh wie bei diesem harmlosen Spiel.

**Kinder, Tiere, Pflanzen,
da liegt die Welt noch im Ganzen.**

Ich habe heute ein paar Blumen für dich nicht gepflückt, um dir ihr — Leben mitzubringen.

Die Natur ist die große Ruhe gegenüber unserer Beweglichkeit. Darum wird sie der Mensch immer mehr lieben, je feiner und beweglicher er werden wird.
Sie gibt ihm die großen Züge, die weiten Perspektiven und zugleich das Bild einer bei aller unermüdlichen Entwicklung erhabenen Gelassenheit.

— • —

Darum ist die Natur so tieftröstlich, weil sie schlafende Welt, traumlos schlafende Welt ist. Sie fühlt nicht Freude, nicht Schmerz, und doch lebt sie vor uns und für uns ein Leben voll Weisheit, Schönheit und Güte. So schliefen auch wir einst, und solchem Zustand kehren auch wir einst wieder zurück, nur mit dem Unterschiede, dass dann dies ganze Über-Glück, Über-Leid uns bewusst sein wird und dass wir dann auch keine Träume mehr brauchen, weil wir die Himmel selbst offen sehen.

Nicht da ist man daheim ...

Nicht da ist man daheim, wo man seinen Wohnsitz hat, sondern wo man verstanden wird.

— • —

Es gibt Menschen, deren einmalige Berührung mit uns für immer den Stachel in uns zurücklässt, ihrer Achtung und Freundschaft wert zu bleiben.

— • —

Überschätzt zu werden, zumal von einem Wesen, das einen liebt, kann in manchem einen edlen Eifer entzünden, jene geglaubte Höhe wirklich zu erreichen.

— • —

Man verliebt sich oft nur in einen Zustand des andern, in seine Heiterkeit oder in seine Schwermut. Schwindet dieser Zustand dann, so ist damit auch der feine besondere Reiz jenes Menschen geschwunden. Daher die vielen Enttäuschungen.

Das sind zwei Blumen des Lebens ...

Das sind zwei Blumen des Lebens: das Schaffen und die Liebe. Und nie wird wohl jemand ergründen, ob Gott sich als Welt schafft um der Liebe willen oder ob er liebt um des Schaffens willen.

— · —

Wie macht das Gefühl bloßen Sichnaheseins Liebende schon glücklich.

— · —

Ich und du, einmal groß und einmal klein geschrieben – das ist die Weltformel. Ich und Du, und ich und du.

— · —

Es ist etwas Jämmerliches um einen Lyriker ohne Liebe. Was helfen da Mai und Nachtigallen und Mondscheinnächte. Trauriger Zustand.

Für Porträtmaler

Wer einen Menschen recht erfassen will, muss ihn sehen, wenn er vom Schlaf aufwacht, mit wirrem Haar, die Züge und Glieder noch halb gelöst, noch halb unbewacht. Da ist er noch der Mensch ohne Namen, ohne Beruf – wenn auch mit all dem Bedeutenden, wodurch ihn das Leben bereichert hat. Zudem gibt es nichts, das malerischer wäre als ein Mensch in Trikot oder langem, fließendem Hemd, ein Mensch bei den Bewegungen des Waschens, beim Abtrocknen nach dem Bade, beim Kämmen und Bürsten der Haare. Auch gebe ich allen Bildhauern und Aktmalern den Rat, ihre Modelle einmal einen geräumigen Krug mit beiden Armen unter die geöffnete Brause emporhalten zu lassen. Es ergeben sich da durch die zunehmende Schwere des Krugs eine Reihe interessanter und charakteristischer Phasen, von der ungezwungensten Pose bis zur angespanntesten.

Man sieht oft etwas hundert Mal, tausend Mal, ehe man es zum allerersten Mal wirklich sieht.

Ich halte es nicht für das größte Glück, einen Menschen ganz enträtselt zu haben, ein größeres noch ist, bei dem, den wir lieben, immer neue Tiefen zu entdecken, die uns immer mehr die Unergründlichkeit seiner Natur nach ihrer göttlichen Seite hin offenbaren.

— • —

Schönheit ist empfundener Rhythmus. Rhythmus der Wellen, durch die uns alles von außen vermittelt wird. Oder auch: Schön ist eigentlich alles, was man mit Liebe betrachtet. Je mehr jemand die Welt liebt, desto schöner wird er sie finden.

**Spannung ist alles und Entladung.
Und höchste Lebensweisheit,
seine Spannung immer richtig
zu entladen.**

Das ist das Schrecklichste für einen Menschen, zumal für
einen jungen Menschen: sich mit seinem Schicksal allein
zu glauben, des Trostes der Gemeinschaft zu entbehren,
unerlöst das Herz voller Rätsel und Bedrückungen unter
Schweigenden, scheinbar Guten und Gerechten
dahinzugehen, innerlich brennend, schreiend nach Liebe,
äußerlich kalt, steif, verschlossen wie jene – bis er endlich
in Arbeit und Eintag das innere Leben besiegt und als
braver und gleichgültiger Bürger seine Tage vollendet.
Einem dieser Herzen sagen zu dürfen: Du irrst, schau
hin in die Fülle der Menschlichkeit, da schau, wie
Entwicklungen enden.

Wir sollten immer nur charakterisieren wollen, nie kritisieren.

Wer den Einzelnen als einen Wanderer betrachtet,
der immer wiederkehrt, wird aufhören, ihm entgegen-
zuarbeiten. Er sieht sich Schulter an Schulter mit ihm
gehn und erkennt die Sinnlosigkeit jeglicher Feindschaft
zwischen ihm und sich. Mag der Andre noch sein Feind
sein wollen, er selber empfindet ihn nicht mehr als Feind;
für ihn fällt er, wenn er sich und ihn sub specie aeterni
anschaut, mit ihm selber beinahe zusammen. Mag der
Andre ihn noch hassen, ja verachten, er selber wird nichts
begehren, als ihm zu helfen, zu nützen, zu dienen.
Er weiß, wie alles zusammenhängt. Nicht fabelt er
von Zusammenhang, sondern der Zusammenhang liegt
klar vor ihm.

Enthusiasmus ist das schönste Wort der Erde.

Fass das Leben immer als Kunstwerk.

— · —

Suche allem nach Möglichkeit eine Folge zu geben. Nichts macht das Leben ärmer als vieles anfangen und nichts vollenden.

— · —

Es ist der Schritt, der erobert. »En marche« ist eines der schönsten Worte der Welt.

— · —

Sieh an, wie ein Zweirad in Bewegung und Fahrt gesetzt wird. Wenn du deinen Willen so in Bewegung und Fahrt zu setzen vermagst, so wirst du nach einigen Schwankungen wie ein Meister im Sattel sitzen.

Es ist hart ...

Es ist hart, aber es gibt nur einen Weg, als Kämpfer für das Echte zuletzt den Erfolg an sich zu fesseln: So lange zu schweigen, Geduld zu haben, Menschen und Dinge gehen zu lassen, bis man durch die Treue gegen sich selbst und die äußeren Umstände eines Tages ein Faktor geworden ist, mit dem gerechnet werden muss. Dann endlich mag man dem Zorn und der Liebe in sich nachgeben, wann und wo es auch sei. Dann erst hat es, sie rückhaltlos zu äußern, Sinn und Wert: für einen selbst, für den Getroffenen, für den Verteidigten, für alle andern.

– • –

Siehe eine Sanduhr: Da lässt sich nichts durch Rütteln und Schütteln erreichen, du musst geduldig warten, bis der Sand, Körnlein um Körnlein, aus dem einen Trichter in den andern gelaufen ist.

Wer sich überhebt, verrät, dass er noch nicht genug nachgedacht hat.

Es ist bekannt, wie viele verlorene Nadeln sich täglich auf Weg und Steg finden lassen. Im äußersten Gegensatz hierzu würde, gesetzt auch geistige Dinge könnten in solcher Weise verloren gehen, täglich wohl kaum ein Paar Scheuklappen gefunden werden.

— • —

Es ist gut, dass wir Spiegel haben. Dass wir für gewöhnlich unsere eigene Miene nicht sehen, ist eines der unheimlichsten Dinge, die es gibt.

— • —

Die Menschen haben sich daran gewöhnt, von hinten nach vorn, statt von vorn nach hinten zu denken.

Der Denker, der dir kein Grauen erregt, ihn magst du zu Tisch einladen.

Nur im vorbereiteten Herzen kann ein neuer Gedanke Wurzel fassen und groß werden. Sich vorbereiten, sich zubereiten, den Acker lockern für das beste Korn, ist alles.

— • —

Sei nur Skeptiker, es gibt keinen besseren Weg als den fortwährenden Zweifelns. Denn nur, wer die Relativität jeder Meinung eingesehen hat, sieht zuletzt auch die Relativität dieser Einsicht ein – und schwingt sich endlich vom letzten Erdenwort in – sich selbst zurück.

Was wärst du, Wind …

Was wärst du, Wind,

wenn du nicht Bäume hättest

zu durchbrausen;

was wärst du, Geist,

wenn du nicht Leiber hättest,

drin zu hausen!

All Leben will Widerstand.

All Licht will Trübe.

All Wehen will Stamm und Wand,

dass es sich dran übe.

Es gibt nichts,
das ich mir nicht vergeben könnte ...

Es gibt nichts, das ich mir nicht vergeben könnte,
und nichts, das ich nicht überwinden möchte.

— · —

Wie war ich oft gebrochen, brach mich selbst,
und dennoch leb ich, unverwüstlich stark.
Was alles liegt in mir geknickt, verdorrt,
doch unaufhaltsam wächst es drüber hin.

Du musst den Blick ins Weite kehren ...

Du musst den Blick ins Weite kehren,

von deinem engen eignen Wesen.

Die Weite muss die Enge lehren.

Du musst am Leid der Welt genesen.

Zum Leid des Gottes musst du kommen

und musst in Seinem Antlitz lesen —

und aller Gram wird dir genommen.

Rat aus eigener Erfahrung

Du musst, mein lieber Freund, erst einmal Narr werden,
erst einmal machen, dass die Mienen starr werden,
dann wir man sich vielleicht bequemen,
auch was du Ernstes schreibst, zur Hand zu nehmen.
Nur wer die Welt bis auf den Grund zersetzt,
dass ihm der Schaum durch arme Finger rann,
versteht, was Mensch, was Leben heißt, nur ihm
sind aller Freuden Tiefen offenbart.

Mit tausend Sinnen
abzugewinnen,
was jedes Raum- und Zeitatom enthält!
Der größte Finder
ist noch ein Blinder
in all dem Reichtum dieser Welt.

— · —

Das Geheimnisvolle ist schlechtweg der sicherste Reiz an den Dingen. Z. B. ein altes Haus, eine Landschaft, die mehr noch verbirgt als zeigt. Ibsen hat darum von jeher gewusst. (Vielleicht zu sehr gewusst.) Es ist eine Art Dämmerluft um die Dinge. Wie mystisch wirken z. B. nachts die Häuser einer Stadt. Solch ein Haus mag noch so hässlich sein – nachts wirkt es mit dem ganzen Zauber eines unbegreiflichen Behältnisses unbegreiflicher Wesen, die namenlos und unerklärlich geworden sind, wie sie selbst.

Mysterium

Unsichtbare Bande weben

zwischen uns geheime Mächte,

wirken in ein einzig Leben

unsre Tage, unsre Nächte.

Und so wachsen wir zusammen,

bis wir ganz uns selbst entglitten.

Über unsern Häupten flammen

schon die Augen eines Dritten.

Niemanden hassen, jeden belassen ...

Niemanden hassen,

jeden belassen

in seinem Wesen,

in jedem lesen

die ewige Meinung;

das macht genesen

zum Allumfassen,

zur Allvereinung.

Nur wer den Menschen liebt,
wird ihn verstehen,
wer ihn verachtet,
ihn nicht einmal – sehen.

Bildnachweis:
Cover: standa_art / Shutterstock.com; Kurdanfell / Shutterstock.com
Fotografien Innenteil: S. 3: akg-images; S. 6: akg-images; S. 21: akg-images;
S. 34: akg-images; S. 67: akg-images; S. 95: akg-images
Vignetten und Illustrationen: Getty Images / Thinkstock
Covergestaltung: arsEdition GmbH
Innengestaltung: Eva Schindler, Grafing
Printed by Tien Wah Press
ISBN 978-3-8458-2091-0
1. Auflage

www.arsedition.de